훑는다는 것

시와소금 시인선 183
핥는다는 것
ⓒ정이랑, 2025. printed in Seoul, Korea

초판 1쇄 인쇄  2025년 08월 21일
초판 1쇄 발행  2025년 08월 25일
지은이  정이랑
펴낸이  임세한
펴낸곳  시와소금
디자인  유재미 정지은

출판등록  2014년 1월 28일 제424호
발행처  강원 춘천시 충혼길20번길 4, 1층 (우 24436)
편집·인쇄  주식회사 정문프린팅
전화  (033)251-1195 / 휴대폰 010-5211-1195
전자주소  sisogum@hanmail.net
ISBN  979-11-6325-096-8  03810

값 12,000원

* 이 책의 내용의 전부 또는 일부를 재사용하려면 반드시 저작권자와
  시와소금 양측의 동의를 받아야 합니다.
* 잘못된 책은 교환해 드립니다.

시와소금 시인선 · 183

# 핥는다는 것

정이랑 시집

시와소금

## ▎정이랑

- 경북 의성 출생.
- 1997년 『문학사상』 신인 발굴로 등단.
- 1998년 「대산문화재단 문학인창작지원금」 수혜 시인 선정.
- 2022년 제3회 〈이윤수문학상〉 수상.
- 시집으로는 『떡갈나무 잎들이 길을 흔들고』와 『버스정류소 앉아 기다리고 있는』,『청어』가 있음.
- 현재, 계간 『시와소금』 편집위원.
- 이메일 : irang6912@hanmail.net

| 시인의 말 |

사랑하는 사람이 곁을 떠나고
내 슬픔의 시간이 늘어나는 동안,
마음 기댈 수 있는 곳이 있어서 다행이다.
먼저 떠난 어머니와 여동생을
여기, 저장해 두겠다.

2025년 여름, 정이랑

| 차례 |

| 시인의 말 |

## 제1부 툭, 밟았어요

풍경 ―― 13
핥는다는 것 ―― 14
밭둑의 호박같이 ―― 15
모과향을 보냅니다 ―― 16
내가 뼈해장국을 다 비우는 시간 동안 ―― 17
엄마는 내게 다만 등을 긁어달라고 말했을 뿐이다 ―― 18
툭, 밟았어요 ―― 19
가을에서 ―― 20
내가 잘못하지 않았어도 ―― 21
아버지를 따라 ―― 22
먼 산이 되어 ―― 23
대물림 ―― 24
나의 울음 ―― 25
봄이면 ―― 26
뜻밖의 선물 ―― 27

## 제2부 벗은 나무

고라니가 다녀갔다 ──── 31

대견한 반지 ──── 32

노을의 그림자를 새겨보다 ──── 34

발톱을 뽑고 나서 ──── 36

양지바른 곳에 붙어 앉아 ──── 37

안간힘 ──── 38

김씨아저씨 ──── 40

노치원에 가는 엄마 ──── 42

이게 뭐냐고 물었다 ──── 43

뱀아 ──── 44

벗은 나무 ──── 45

남은 숙제 ──── 46

그녀, ──── 47

날개가 있어도 날아가지 않는 비둘기 ──── 48

길 ──── 50

## 제3부 서문시장

단풍 구경 —— 53
여름에 쓰는 편지 —— 54
가위를 갈던 할아버지의 행방이 묘연하다 —— 56
이런 사람 구할 수 있나요? —— 57
서문시장 —— 58
내가 가장 잘한 일 —— 60
티티카카호수 —— 61
같이 먹고 삽시다 —— 62
팥죽 —— 63
밤을 걷고 걸었다 —— 64
달맞이꽃 —— 66
힘이 되는 사람 —— 67
들꽃에게 —— 68
비닐하우스 —— 69
엄마 없는 빈집에서 편지를 쓰다 —— 70

## 제4부 모를 일이다

씀바귀꽃 ── 73

거미 ── 74

금호강변에 서서 ── 75

환생 ── 76

감나무에 대한 나의 짧은 견해 ── 78

있다가 없고 없다가 있고 ── 80

오월의 장미를 볼 수 없는 이유 ── 82

모를 일이다 ── 84

하수오 넝쿨이 삼나무를 넘어뜨릴 때 ── 85

그 자리에 그 사람이, ── 86

애교 있는 사람 ── 87

엄마를 지배하는 것은 뭘까 ── 88

액땜 ── 89

왜 극락조잎처럼 넓은 마음을 가지질 못하는가? ── 90

배롱나무에 꽃은 피고 ── 91

**작품해설 | 신상조**

남겨진 시간, 환한 슬픔 ── 95

제 **1** 부

# 툭, 밟았어요

## 풍경

허공을 잡고 무얼 기다렸나요
탁설鐸舌로 버티어온 나날,
하늘 쳐다볼 줄 모르는 이에게
헤엄쳐 오시고 계시는 당신
오늘, 눈 한번 맞추고 싶네요

## 핥는다는 것

고양이가 고양이를 핥아주고 있다 어릴 적 눈큰 어미소가 새끼소를 핥아주는 것을 물끄러미 바라본 적이 있다 고양이는 고양이의 상처난 부위를 핥고 있고, 어미소는 새끼소의 젖은 털을 말리고 있었던 것, 무명이불 속에 열로 싸여 있을 때 부드럽고 순한 살결이 내 볼을 부벼댔던 기억이 있다 서로가 서로를 핥아주는 걸 한동안 잊고 살았다 무엇으로부터 나를 잊고 살아가게 했던 것일까 고양이의 짧은 혀보다 길지 않을지도 모르는 살아 숨쉬는 것들의 길, 누군가를 핥아주고 누군가에게 핥음을 받는 것을 고양이가 다시 나에게 말해 주고 있다

   그 어릴 적 부드럽고 순한 살결에게 내가 핥아줄 차례이다

## 밭둑의 호박같이

풀숲 속에 둥근 달이 부풀고 있어
불쑥 불쑥 잎을 뒤집고 나와
나를 즐거움에 젖어들게 하는 풍경,
아무에게나 발목을 잡고
노랗게 웃음을 흘려도
볼 때마다 정신을 둥글게 만들어주지
사람들 사이도 둥글게,
굴러가는 것이라고 가르쳐 주는 것 같아
날 선 칼끝같이 살아가지 말자,
곁에 있는 사람에게도
낯선 그 누군가에게도
모나지 않게 살아가자,
다짐하는 밭둑의 호박!

## 모과향을 보냅니다

붙잡지 못하는 가을을 몇 개 따와서
당신에게 보내드립니다

거기, 바람과 햇볕도 어쩌지 못해
노랗게 스며든 가을을,
당신에게 보내드립니다

하늘 한 번 올려다보기 힘든 하루에게
떠밀려 살아가는 당신의 시간들,
거기, 둥글게 자란 모과향을 보냅니다

낙엽 한 장 깔려 있지 않은
당신의 가을 곁에서,
모과향으로 머무를 나의 가을을
당신에게 보내드립니다

# 내가 뼈해장국을 다 비우는 시간 동안

　감자를 심고 나서 뼈해장국 한 그릇을 시켰다 땀 한 되 박 쏟아내고 마주 앉은 국밥, 그 사이 해외노동자들이 단체로 밀려들어 "뼈둘 탕둘", "뼈넷 탕둘", "뼈넷" 북새통의 국밥집, 방금 해외순방을 마친 대통령이 비행기에서 내리고 있고, 84세에도 삼천리표자전거를 타고 약국에서 돌아오시는 아버지가 길 건너 신호등에 서 계신다 이곳 주변 상가에서는 외국인들이 절반 넘는다면서 주인들은 영어도 배우자하고, 날개 하나 빠진 선풍기가 덜덜 떨고 있는 시간에도 뼈와 탕은 끊어지지 않고 있다 MZ세대들에 내세는 유듀브나 인스타그램, 페이스북이라며 동영상을 찍어 올려야 한다고 누군가 열변을 토하고 있고, 아이 둘 낳으면 월세가 무료, 저출산의 해결 방법이 될까 반박하는 사람도 있다
　내가 뼈해장국 한 그릇 비우는 시간 동안, 국밥집에서는 뼈해장국과 갈비탕이 무쇠가마솥에서 버글버글 끓어 넘치고 있다

## 엄마는 내게 다만 등을 긁어달라고 말했을 뿐이다

병원은 죽음으로 가기 전에 거쳐야 하는 또 다른 집,
그녀는 365일, 중간 정산을 하고 살아가고 있다 한다
간병비가 미래에는 효자 효녀라고 하면서 말이다
진작 간병비보험을 못 넣은 것을 후회하고 있는 엄마는,
딸에게 아들에게 사위에게 미안한 마음이고
오후 6시, 저녁이 나오고 산소호흡기로
연명하고 있는 그들에게서 기도의 소리가 흘러나온다
일어설 수도 없고 눈 감고 생각 속에서만 사는 엄마,
엄마, 엄마 부르면 살짝 미소를 건네준다
선생님, 우리 엄마는요?
의식을 아직 놓지 않고 계시네요
듣고 계시니 많이 많이 얘기하세요
옮겨가야 하는 곳이 무섭지는 않을까
엄마, 무엇이든 해드리고 싶어요
여기에서 나가요, 어디든 걸어서 가요
엄마는 다만 내게 등이나 긁어주고 가라고 말했다
엄마가 없는 오늘, 등 긁어주던 그때가
정지화면으로 살아남아 리플레이되고 있다

## 툭, 밟았어요

그 사람은 나를 알지 못해요
나도 그 사람을 만난 적은 없어요
같은 버스를 탔을 뿐이지요
그런 그가 툭, 발을 밟았어요
여기에 왜 있는지 생각 중인 나의 발을,
생면부지인 그가 밟은 이유는 무엇일까요
사람들은, 가끔 누군가가 그립지요
나도 당신도
툭, 타인의 삶을 밟은 적 있지 않나요?

## 가을에서

은행나무에게 목줄을 하고 앉아 있는
자전거 한 대, 꾸벅꾸벅 졸고 있는 게 보인다
나뭇잎을 다 떠나보낸 은행나무 한 그루는,
발목을 붙잡혀 햇볕만 줄줄 흘린다
그 사이에서 사람들은
오고 가고, 가고 왔다
나도 거기에서 눈 감고
흘러내리는 햇볕에
붙잡혀 있기로 한다

## 내가 잘못하지 않았어도

지하철 안 이어폰을 낀 학생은
나이 든 할아버지에게 자리를 비켜주지 않는다
내가 잘못하지 않았어도 얼굴이 화끈거렸다

늦은 밤, 쓸모없는 의자를
누군가 전봇대 곁에 버리는 걸 봤다
내가 버린 것도 아닌데 목덜미가 따가왔다

슈퍼마켓 계산대에서 아주머니가
두부 한 모를 슬쩍 바구니에 담고 돌아갔나
내가 가지고 온 것도 아닌데 쫓기는 꿈을 꿨다

살면서, 내가 잘못하지 않았어도
부끄러운 일들은 봄날 꽃잎같이 많더라

## 아버지를 따라

16일, 오늘은 화원 장날
아버지를 따라
감자씨를 보러 갔다

싹 눈이 많은 감자,
외형이 둥굴둥굴한 감자,
윤기 흐르고 색이 고운 감자,
찾아내기가 쉽지는 않았다

저, 수많은 사람 가운데
아버지를 찾아
내가 여기에 온 것처럼
좋은 감자씨를 찾기란
그것만큼 어려운 일이었다

## 먼 산이 되어

정구지를 심어놓고 물을 준다
감나무 발목까지 쑥쑥 올라오너라
부엉이 울음, 뻐꾸기 울음도
흙 속에 섞여 누워 잠들 때,
아무것도 생각하지 않을 게다
먼저 간 동생의 안부마저
돌멩이로 눌러 죽이고 앉아,
대니산에 올라간 낮달만 바라볼 게다
아침이 오고, 저녁이 오면
정구지 조복 잎에 이슬로 맺혀
무거워진 마음밭에 햇볕을 주워 담을란다
대니산이 구름을 낳고,
안개를 낳고,
대니산이 빗방울을 낳는 동안
정구지꽃 속으로 들어가
그저 먼 산이 되어 서 있으련다

## 대물림

갈비탕을 먹으러 갔다
갈비에 붙은 고기를 내 그릇으로 담는 엄마,
나는 아들의 그릇으로 다시 옮겨놓는다

고구마를 캐러 갔다
색깔 좋고 굵은 것만 골라 소쿠리에 담아주는 엄마,
나는 삶아서 아들의 간식으로 먹인다

어두운 골목길에 서 있다
안전하게 집으로 돌아오는 걸 확인하던 엄마,
나는 고등학생 아들을 골목길에서 기다린다

감기에 걸려 열이 났다
밤새 머리맡을 떠나지 않던 나의 엄마,
나는 아들의 비염 때문에 약을 달인다

엄마의 엄마에게서 받고
엄마는 나에게 주고
나는 아들에게 전해 주고 있다

## 나의 울음

거울을 보면서 양치질을 하다가
그 속에 너와 닮은 내가 있어
울음이 치솟아 올랐다
3년을 울음으로 울었는데,

겨울을 견디고 온 청보리밭에
물살같이 흔들리는 청보리들,
바라보던 너와 나
3년을 울음으로 울었는데,
치솟는 울음을 침 뱉듯 뱉지도 못하고

지상에서의 나의 울음은,
네가 없음에서 오는 울음이어서
청보리밭에 일렁이는 바람이고
눈 감아도 보이는 밤하늘의 별이다

## 봄이면

아버지와 밭둑에 잠시 앉아
소쩍새 울음을 듣는 한낮
잘 들어봐, 소쩍쿵 하고 운다
아니다, 서어쩍 서어쩍 하고 운다
누구 말이 맞는지는 모른다
제비꽃이 피고
쑥이 돋아나는,
밭둑까지 와서 울어라

## 뜻밖의 선물


어머니께서 쓰시던 국자를 받았다
손잡이가 튼튼해서 입맛을 다셨던 내게,
냉큼 내어주시는 것이었다

제주도에 살고 있는 후배 시인의
출판기념회를 갔었던 날
목스카프를 달라고 졸라댔던 그녀,
새것을 사주겠다고 했으나
굳이 쓰던 걸 달라고 했다
냉큼 내어주었었다

내게 국자는 어머니의 손때가,
그녀에게는 나의 살내음이,
뜻밖의 선물로 기억되는 순간이었다

제2부

벗은 나무

## 고라니가 다녀갔다

배추를 뽑으려고 텃밭에 갔다
이슬을 데리고 왔던 어둠은,
햇살에 짓눌려 땅바닥으로 눕고
배춧잎들은 종잇장처럼 뜯겨 있다

〈고라니 녀석들 짓이다!〉
어떻게 할 수 없다며 고개를 젓고 계신 아버지
어둠을 틈타 먹이를 낚아채 간 고라니,
배추밭에서 공존한다는 게 신기할 따름이다

밤에는
주인이 오지 않는다는 걸 알고 있었던 것,
아버지도 낮에는
녀석들이 오지 않는다는 걸 모를 턱이 없다

같이 먹기 위해 농사를 짓는다고
혼잣말을 하시는 팔순의 아버지
고라니가 뜯어 먹은 배추는 뽑지 않으신다

## 대견한 반지

이혼한 후배를 잠시 부러워했다
자신을 찾았다는 그녀를 떠올리며
금방에서 반지 하나 더 맞췄다
10년이면 강산도 변한다고 했던가
20년, 놓치고 살았던 나를
금반지 하나로 되찾을 수는 없겠지만

여자로 태어나 아이 낳고
살아가는 것이 답은 아니라던
후배는 지금 유럽에 있다
여자는, 견디는 존재라고 물려받은 내가
10년, 20년, 30년 견뎌야 한다면
금반지 하나로만 될 수 있을까

마지막에는 아무것도 없다고 했다
그녀와 자신을 찾아 떠나야 하는 걸까
금반지 하나, 또 대견하게 바라보면서
나를 떠나보내야 하는 것일까

결혼을 하지 않는 남자와 여자, 부끄럽지 않은 지금
둥글게 채워져 있는 반지를 만지작거리다

## 노을의 그림자를 새겨보다

무엇인가를 정리해야 한다는 것은
마음 한 곳을 오려내는 일과 같았다

명절 연휴를 앞두고
형제들과 엄마의 유품을 들어냈다
옷이며, 그릇이며, 서랍 속에,
〈선생님, 건강하게 학교에 오시면
영자의 마음에도 꽃이 피는군요〉
주간보호센터의 선생님께 쓴 편지까지
구겨버려야 했다
엄마는 마음의 빈자리에
꽃을 피게 하는 방법은,
나보는 너를 생각하라고 적어놓으신 것 같다

대니산에서 내려오고 있는
노을의 그림자를 새겨보면서
비워내야 하는 것과
채워야 하는 것은 무엇인지

나는,
애써 답을 찾고 싶은 것이었다

## 발톱을 뽑고 나서

　다섯 개의 발가락 가운데 엄지 발의 발톱을 뽑아냈다 스멀스멀 병들어가더니 새까맣게 타버렸다 죽은 발톱, 죽어가고 있음을 알고 있었는데 병원을 가지 않은 내 탓이요, 내 잘못 때문이다 죽음 앞에서는 애처로워지는 게 사람의 마음일까 붕대에 감겨 있는 엄지발가락으로 자꾸 손이 가고 눈길이 갔었다

　엄마에게는 다섯 명의 자식이 있다
　재작년 셋째를 암으로 먼저 보내고
　내 탓이요, 내가 일러주지 않은 탓이요,
　잊을만하면 내 탓이라고 자책한다
　우리가 볼 수 없는 가슴 속에
　흰 붕대를 몇천 겹 감고 있지나 않을까
　엄마는, 엄마의 딸을 잃은 걸
　죽을 때까지 내 탓이라고 생각할 것이다

## 양지바른 곳에 붙어 앉아


산비탈 양지바른 곳에 붙어 앉아 쑥을 뜯는다
무상무념으로 햇살을 쏟아내고 있는 개살구나무꽃,
까악까악 자기 말만 해대는 까마귀까지 등지고
봄날을 뜯고 또 뜯어내고만 있다

"거기서 무얼 하고 있어요?"
가로수를 끌고 가던 그림자가 내게 물었지만
까악까악 흉내만 내고 있었을 뿐,
아무런 대꾸도 하지 않았다

중턱에 집을 지어 들어앉은 이는 누구일까
까마귀 말을 듣고 있는 것일까
그 곁에 허리 펴고 하늘을 보는 제비꽃아,
봄날은 어디로 가는지 너는 아는 것이냐

# 안간힘

어느 이른 아침이었다
가로수 대열에서,
한 그루 은행나무가 떠나가는 걸 바라본 것
흙과 분리시켜버린 뿌리들이 나뒹굴고,
가지를 지탱했던 잎들도 오무라들기 시작했다
누구 하나 개의치 않는다
버스를 타고 가야하는 사람들은 버스를 탔고
학생들은 학교를 향해 걸어들어 갔다
풍경은 정물화처럼 흘러가고 있을 뿐이었다
트럭 한 대가 멈춰 있고 분리시킨 생을 옮겨야 했다
여러 사람들이 매달려 있었지만
쉽게 트럭으로 옮겨타지 못하고 있었다
저 곳에 무슨 미련이 남아서 그런 걸까
사람들이 몸을 들어올릴 때마다
오무라드는 잎들을 떨구고 있었다
그는 지금 마지막을 정리하고 있는 중이겠지
흙 속에 남아 있는 분신을 위해
잎들로 덮어주려고 하는 것이겠지

나는 웅성거리는 바람 속에 서 있었다
한 대의 영구차가 눈 앞에서 사라져 갈 때까지

## 김씨아저씨

서문시장에는
물건을 배달해 주는 그가 있다
하루 12시간, 상인들의 콜만 기다린다
고향이 어디인지, 슬하에 자식은 몇인지,
나이는 어떻게 되는지, 알려고 하지 않는다
김씨, 김씨아저씨!
여기 저기 50년이 넘도록 그를 불러대고 있다
그의 소원이 있다면
죽는 날도 상인들의 콜을 받는 것이란다
아, 고향이 따로 있나
한곳에 오래 살면 그곳이 자기 고향이지
입버릇처럼 말하는 김씨아저씨
리어커 한 대 옆에 두고,
하늘도 한 번 쳐다보고,
담배도 한 개비 꺼내물고,
흥이 돋으면 유행가도 한 가락 뽑는다
〈친절 신속 정확〉 좌우명으로
그는 상인들의 콜을 지금도 받고 있다

당신을 콜해주는 이가 있습니까?

## 노치원에 가는 엄마

머리 감고 로션을 바르고
거울 앞에서 입을 벌려 틀니도 검사하고
자식들이 사준 새 옷을 입고
노란 버스를 기다리고 있습니다

유치원 가는 아이들 속에
넘어질 듯 넘어지지 않고 서서
아이들과 깔깔 웃어가며
같은 색깔의 버스를 기다리고 있습니다

버스가 도착하면 손뼉 치는 엄마,
사라져 갈 때까지 바라보고 있습니다
바라는 게 있다면 남은 날,
웃음만 가득했으면 좋겠습니다
바라는 게 있다면 그날에도,
슬프지 않았으면 좋겠습니다
그랬으면 좋겠습니다

## 이게 뭐냐고 물었다



텃밭에 앉아 아이가 묻는다
"오이"
가지를 보고 또 묻는다
"이건 뭐야?"
"그건 호박이지"
상추, 파, 고추, 묻는 것마다
답을 잘 해줄 수 있었다
뜬금없이 손가락으로 나를 향해
"그럼, 이건?"
"······으음"
나는 뭐지?

# 뱀아

공원의 계단에서 마주쳤다
이 도시에서 어떻게 살아남아
떡하니 대가릴 쳐들고 있는지
동네 아이들에게 돌팔매질 당하지 않고
땅바닥을 밀고 밀면서 왔을 길,
먼저 떠나가길 기다렸으나
얼어붙은 나처럼 움직이지 않는다
뱀아, 뱀아, 뱀아
사람들에게 들키지 말고 가거라
어느 혼령을 실어 이승에 온 것인지
어찌 알 수 있겠느냐만
나를 보는 너는 필시
알고 있다는 눈빛이다
가거라, 어서 가거라
너는 너의 길을 가고
나는 나의 길을 가자
뱀아, 뱀아, 뱀아

# 벗은 나무

"벗어 봐요"
지나가는 나에게 속삭이던 너,
못 들은 척 했었지
겹겹이 입고 있다가
때가 되면 벗을 줄 아는 너,
맨몸이 하나도 부끄럽지 않는구나
허공을 떠받치고 있는 가지들이 눈부시구나
몇 날 며칠을 혼자 서 있어야
껴입은 욕심을 버릴 수 있겠니,
모든 걸 떨쳐버리고
오롯이 바람 한 점만 걸칠 수 있겠니,
이 시간 이후부터 나의 자화상을
너로 삼기로 했다

## 남은 숙제

이슬을 걷어차며
텃밭으로 가는 길, 문득
앞으로 무엇을 하면서 살 것인가?
생각이 들어 하늘을 올려다봤다
바람은 바람과 발맞춰가고,
산은 산새를 품고 들판은 산을 이고,
나는 풀잎처럼 낮은 마음으로
저들과 이웃해서 살아가겠다

# 그녀,

  기일이다, 양살구를 한 봉지 샀다 새콤달콤한 맛이 좋았을까 속살의 빛깔이 고아서였을까 맛나게 먹던 그녀의 기일이다, 수성구 상동 연탄불로 밥 지어 먹으면서도 우리에게는 걱정이 없었다 월급타서 원피스를 사고 구두를 같이 신기도 했었던 그녀의 기일이다, 2001년, 같은 해에 결혼을 하고 같은 해에 아들도 낳았었던 여동생의 기일이다, "언니야, 울지마" 모르핀에 정신을 잃어가면서도 위로해 주던 친구 같은 그녀, 1971년 음력 11월 1일 여기에 와서, 2021년 음력 6월 27일 암에 못이겨 저기로 떠나간 그녀, 양살구를 한 봉지 나눠먹고 싶어도 그저 기억 속에서 가능한 그녀, 보고 싶다는 말을 해도 듣지 못하는 그녀, 양살구 한 봉지를 들고 걸어가야 하는 오늘, 그녀의 기일이다

## 날개가 있어도 날아가지 않는 비둘기

사람을 보면 후다닥 달아나던 비둘기,
이젠 사람이 비둘기를 피해 다닌다
공원에서, 길거리 한복판에서도
날개가 있어도 날아가지 않는,
비둘기에 대해 생각한다

개나 고양이에게 먹이를 주듯
비둘기에게도 모이를 주던 사람들,
먹이를 찾아 날개를 퍼덕이지 않아도
살아갈 수 있다는 걸 알아차린 것일까

누군가에게 길들여진다는 것,
자신을 퇴화시킨다는 걸 모른다
날아가려고 하지 않는 비둘기를 보면서
사람들은 여전히 모이를 뿌려주고 있다

날개가 있어도 날아가지 않는 비둘기처럼
누군가에게 길들여져서 하루하루를

건너가고 있는 것은 아닌지 문득,
어깻죽지를 펴고 날아보려고 했다

# 길

돌 하나가 뿌리내려 있었죠
호미와 괭이로 캐내고 싶었어요
볼 때마다 그것이 힘들게 했었거든요
코스모스와 민들레가 있었으면 했어요
반쯤 왔지만 소망한 것이 있지는 않았고,
남은 반을 가지 않을 수는 없겠지요
누구에게나 쉽지는 않다고 위안 삼아,
저녁밥을 먹고 나면 하늘을 봐요
땅에 살면서 간혹 의지하고 싶었어요
끝까지 가면 누구든지 그리워 진데요
돌이 있었거나 꽃이 있었어도
상관이 없다는 걸 믿으라고 해요
그래요, 뒷모습 바라보는 사람들에게
어떻게 새겨질 것인지 곰곰 몰두해 볼게요

제 3 부

서문시장

## 단풍 구경

  11월에는 여지없이 일상을 벗어나 보자고 한다 빨갛게 빨갛게 물들어 보자고 한다 자식에게 목 매달고 있는 아들바라기 엄마, 치매가 온 팔순노모와 씨름하는 딸도, 이 계절에는 노을빛으로 젖어 보자고 한다 잎사귀 사이사이 들이밀고 있는 구름도, 하늘도 붉어지고 싶은 모양이더라 붉어지고 싶은 것이 있어, 사람들은 절뚝거리며 올라가는 모양이더라

## 여름에 쓰는 편지

칠월로 접어들면서 비가 자주 왔다

텃밭으로 나가 물 주던 주말의 즐거움은 사라졌고,
고춧대가 넘어지지나 않았을까
호박덩이 두어 개 물에 잠겨버리지 않았을까 걱정이다

어둠이 깊어지면 개구리는 떠내려갈까 봐 울고 있는데,
베란다에서 빨래를 털어 널고 칠월 속에 서 있기로 한다

장미꽃잎이 떨어진 아파트 울타리에서
앞다투어 개들이 뛰어놀고 있기도 하고,
슈퍼마켓에서 야쿠르트와 바나나를 사서 오는 엄마
순간, 울컥하는 대낮이다

마늘을 캐고 난 밭에는 벼가 푸릇푸릇,
경운기 소리는 이제 아침 새소리와 같아서
귀가 장단을 맞추어 듣는다

비가 자주 오는 칠월의 여름,
혼자 있어도 혼자가 아닌 계절

## 가위를 갈던 할아버지의 행방이 묘연하다

 한 달, 두 달, 석 달이 지나도 보이지 않는다 찌그러진 유모차를 자가용으로 끌고 오던 할아버지는 없다 스텐 그릇에 도시락을 싸와 상가 모퉁이에서 숫돌로 가위를 갈아주던 할아버지, 보이지 않는 할아버지의 행방을 묻는 사람도 없다 북망산 갈 나이는 족히 넘었다고 말하는 이들의 눈빛도 낮달 같이 흐리다 한 번은 누구나 가야 하는 곳이라고 입을 모으고 있었다
 "가위 갈아요!" 목소리가 들려와서 가봤지만 젊고 낯선 사람이 바구니를 들고 가위를 거두고 다녔다 할아버지 아들의 아들쯤은 되어 보였고, 힘이 좋아 더 잘 갈아 줄 것이라고 상인들은 좋아했다 그렇게 할아버지의 행방이 묘연해도 슬퍼하는 이는 없다 할아버지의 자리를 젊은 그가 대신하고 있고, 젊은 그의 자리도 다음에 더 젊은 누군가가 분명 올 것이므로,

## 이런 사람 구할 수 있나요?

살림 잘하고
돈 잘 벌고
아이 잘 키우는 여자,
이런 사람 구할 수 있나요?

애인 같은 남편,
오빠 같은 애인,
아빠 같은 남자,
이런 사람도 구할 수 있나요?

2123년,
그들에게는
그런 여자,
그런 남자가 필요 없다는,

## 서문시장

남편을 만나 결혼하고 아이를 낳아
〈헬로천〉으로 원단 장사를 시작했던,
이제는 삶의 터전이 되어버린 이곳

아침마다 버스를 타고 내리면
큰장네거리는 차와 사람들을 쏟아놓는다
자전거와 오토바이도 한몫을 더 하고
달성공원의 동물들도 고개 내밀며 지켜본다

여섯 개 지구의 상가들이 붙어 앉아 북적거리는,
사람들 사이에서는 외로울 시간이 없다
국수를 말아 먹고 호떡을 호호 불어먹는,
길거리도 우울증을 잊어버린 지 오래다

이곳이 참 좋다
옷깃을 스치기만 하여도 쌓여가는 인연들
잃어버린 나를 찾으려면 하루를 맡겨놓고
걷다 보면 알게 될 것이다

할머니, 할아버지가 걸어간 길을
내가 따라서 가고 있다는 걸

## 내가 가장 잘한 일

어머니는 아이다
팔순이 넘은 어머니는
어른이 아니다
일요일 아침,
어머니와 밥을 먹고
〈맥심〉 믹스커피를 타서 마신다
내일이 없는 어머니는,
아이의 생각을 가지고
아이가 되어 살아간다
아이가 된 어머니 손을 잡고,
참새 소리, 뭉게구름 데리고
뒤뚱뒤뚱 미용실로 간다
일요일, 내가 한 일 중에
가장 잘한 일은,
어머니와 밥 먹고 파마한 것

## 티티카카호수

　나, 20대로 돌아간다면 아무것도 욕심내지 않고 티티카카호수에 옮겨놓겠네 페루와 볼리비아 국경지대를 청춘과 함께 걸어보겠네 하늘과 가장 가까운 마을에 이르러서는, 두 팔 뻗어 맘껏 햇볕을 끌어모아 눈동자 속에 저장하겠네 나, 죽기 전에 꼭 가봐야 할 곳 티티카카호수, 우로스섬의 인디오들과 〈토토라〉를 베어다 집 짓고 한 해를 또 살아보겠네 투덜거리는 애인은 잠시, 멸종된 티티카카 오레스티아스에게 맡겨두고 바람난 여인이 되어보겠네

　나, 다시 20대로 되돌아간다면 지구 반대편의 티티카카호수 인디오가 되겠네 안데스산맥의 눈발 속에 허수아비로 서 있다가 누워 잠들겠네 당신과 감자만 먹어도 좋을 티티카카호수, 티티카카호수, 티티카카호수로 태어나겠네

## 같이 먹고 삽시다

가방 하나 짊어지고 11시만 되면,
"같이 먹고 삽시다"
그가 지나간다
시장에서 모르는 사람은 없다
명함을 찍어다 주는 인쇄쟁이
인사말이 어느 사이
"같이 먹고 삽시다" 였다
웃음소리가 들렸지만
사람들은,
하나둘 그의 말을 따라했다
나 혼자, 너 혼자가 아닌 말
〈같이〉 라는 말, 내 귀에
토란잎 위의 빗방울같이
굴러들어 왔다

## 팥죽

 모나게 살아온 것을 빚어보기 위해 동지는 온다 말랑말랑한 사람이 될 때까지 굴리고 굴려, 액을 막고 잡귀를 쫓아보려고 뛰어든다 둥근 것만 생각하고 둥근 것만 만들면 살아가는 것이 둥글둥글해질 것 같아서, 찬바람이 불기 시작하면 매년 동지로 간다 11월에는 너나 나나 할 것 없이 뒤돌아보며, 팥의 핏대 속에 하얀 맨살로 뛰어든다

## 밤을 걷고 걸었다


별을 찾아보려고 밤에 나섰다
발 아래 떨어져 누운 잎들,
사이 사이를 초승달과 걸었다

떠나간 사람을 잊지 못하는 자의
그림자는 길어만 갔다
컹컹 짖는 개의 울음만으로도
눈물이 쏟아져 내렸다

무엇 때문에 별이 뜨지 않는 것인지
알고 싶은 것이 아니었다
사람이 사는 동안
영혼을 어떻게 빛나게 할 수 있는지
아직까지 방법을 찾지 못했기 때문이다

저기 희미한 별은 누구의 영혼인가
떠나간 동생의 별이려나

왔다가 가는 일이
밤하늘같이
아득한 날 걸었다,
밤을 걷고 걸었다

## 달맞이꽃

그대, 만나기 위해 어둠을 기다립니다
견우와 직녀는 일 년을 기다린다지요
기다린다고 온다면 천 년을 기다리지요
기다리고 기다려도 오지 않는 그대를,
사람이라서 또 밤을 기다려봅니다
만나서 헤어지고
헤어지고도 헤어지지 않는 인연,
보이지 않는다고 없는 것이 아닌 그대,
달을 벗삼아 바라봅니다
없는 그대를 만나기 위해
이곳을 여전히 서성이고 있습니다

# 힘이 되는 사람

 아침 일찍 뜻밖의 전화 한 통, "당신의 시 때문에 이 사화집이 영광이네요, 앞으로 계속 좋은 시 써주세요." 한다 이 말 한마디가 시를 짓는 시인에게는 무엇보다 힘이 되고, 종일 실실 웃음이 났다 살맛 난다는 것이 이런 기분일까
 퇴근해서 돌아온 남편도 실실 웃음을 흘린다 복권이라도 당첨된 듯, 여자에게 고백이라도 받은 듯한 표정, 무엇이 남편의 마음을 웃게 했을까 〈월드크리닝세탁소〉, "아드님이 고려대학교 다니나 봅니다. 아버지하고 똑같이 닮았던데요." 과삼을 맡기러 샀던 날 아버지를 닮았냐는 말, 남편은 거기에서 웃음을 얻었나 보다
 하루, 한 달, 한 해가 갈수록 힘이 되어 주는 사람으로 살아가고 있는 것일까 돈 때문에 웃고, 돈 때문에 우는 여기에서, 살아 계신 것만으로도 힘이 되는 아버지 어머니, 힘이 되어 주는 사람이고 싶다

## 들꽃에게

미안하다,
들판 어디에서라도 핀다고
아무렇게 꺾어서
미안하다,
생각 없이 짓밟고 돌아온 날
혼자 밥 먹고 잠을 잤다
가을에는,
꽃잎으로 나를 후려쳐도 좋겠다

# 비닐하우스

집 한 채 분양 받았다
앞쪽으로 대니산이 뒷쪽에는 낙동강,
뷰가 좋아 맘에 딱 드는 집이다
비밀번호가 없어 아침저녁
눈치 보지 않고 드나들 수 있다
방울토마토와 상추를 심어
삼월에는 잔치라도 벌일 일이다
한 평쯤은 식탁과 의자를 들여놓고,
허허로움이 찾아오는 때에는
별늘과 달로 상자림 해 달래 볼 것이다
누구나 찾아 올 수 있도록
대문은 대추나무 두 그루 심을 작정이며,
아버지 어머니의 여생을 여기
파꽃 향기 속에 묻어드려도 될 것 같다

## 엄마 없는 빈집에서 편지를 쓰다

병원으로 가신 지 보름이 넘어간다
매일 아침 〈엄마〉라고 부르며 갔던 엄마집,
엄마 없는 엄마집 식탁에 앉아 엄마를 불렀다
변기에 앉아 있던 엄마,
세탁기 돌리던 엄마,
거울을 보고 있던 엄마,
텔레비전을 켜놓고 자던 엄마,
엄마가 없어 빈집이 된 엄마집,
전화를 걸어 〈엄마〉하고 다시 불렀다
보름 동안 들어보지 못한 〈엄마〉,
엄마는 괜찮다 좋아졌다 걱정마라 한다
텔레비전을 켜고,
세탁기를 돌리고,
창문을 열고,
청소를 하고,
엄마가 없어 빈집이 된 엄마집,
매일 아침 〈엄마〉라고 부르며 다시 오고 싶은 엄마집

제4부

모를 일이다

## 씀바귀꽃

돌과 돌 사이에서 피어나는 삶이 있다
쉽게 쉽게 살아가는 것이 어디 있으랴
너와 내가 만들어놓은 이 자리,
바람이 와서 흔들어대고
빗물도 흘러들어 발을 적신다

달콤한 사랑을 꿈꾸지 못해
쓴맛으로 가득 차 있는 몸,
한 해를 그래도 살아내는구나

너, 가고 없는 틈 사이로
홀씨 하나 떨어져 참고 참아서
노랗게 밀어 올릴 다음 해를
먼 곳 바라보며 기다려 보련다

# 거미

오늘밤에는 어떻게든 살아남아서 침투할 것이다

당신이 잠든 사이, 더듬이를 켜고 갈 것이다

삶은 만만치가 않아 물구나무서서 가야 하고,

발견되는 순간 죽은 자로 연기도 해야 한다

사람을 못 믿어서가 아니라, 배경이 두렵기 때문이다

탈피하려면 거미줄을 쳐야 한다, 반복해야 한다

당신이 잠이 들기를, 어둠이 담요처럼 펼쳐지기를 기도한다

돌아보면 나의 길도 너와 별반 다를 봐 없어

날이 밝으면 내 안의 거미를 풀어놓아야 한다

어떻게든 살아남아야 한다

## 금호강변에 서서
— 동생 기일에 부쳐


감자꽃이 피기 전에 돌아오겠다고 했었다

금호강변의 억새가 말라가도 끝내 너는 오지 않았다

첨벙첨벙 어둠을 걸어 다니는 달을 보면서 울었다

아버지와 어머니는 흘러가는 것에 몸을 맡겼다

구름무덤 속에 달은 오늘도 부풀어 오르고,

부푼 달 아래 하릴없이 버드나무는 서 있었다

흘러가는 것에 대해 턱을 괴고 나도 서 있었다

거꾸러져 담긴 강물 위의 하늘은 별로 가득 차 있었다

유난히 큰 별 하나가 발아래 오랫동안 굴러다니고 있었다

## 환생

떠난 사람이 보고 싶으면
별을 바라본다던 그도 별이 되었다

다시 태어날 수 있다는 걸
믿어도 된다던 그가 보고 싶다

밤하늘 별을 보기가
쉽지 않은 밤이다

다시 왔다는 걸 어떻게
알 수 있느냐고 물었을 때,
그가 말했다
봄에는 꽃으로
비가 오면 여름으로
단풍잎 내려앉을 때도
듬성듬성 눈발로 걸어서
오겠다고 했다

밤하늘 별을 바라보고 있을 때,
아카시아꽃 향기가 파도같이 밀려왔다

## 감나무에 대한 나의 짧은 견해

감나무가 되고 싶었다
가지에 얹힌 감이 되어
먼 곳, 바라볼 수 있는 능력을 배우려 했다

한 치 앞도 못 보는 나약한 내가
감나무를, 감을, 가지를 꿈꾸었다

발바리 강아지 한 마리를 키워내는
너그러움도 그늘처럼 펼쳐내고,

내 잘못 네 잘못 따지지 않고
하나하나 반성하면서 잎 떨어뜨리는 감나무를,
홍시만 기다리는 할머니의 감을,
저녁 이고 오는 새의 가지를,
가지려고 했다

감나무가 될 수 없다, 나는
감나무 아래서,

가지 사이로 감을 보고
새의 깃털을 본다

더 이상 감나무를 꿈꾸지는 않는다
지금은 다만,
먼 곳에 먼저 가닿은 어머니와 여동생,
그림자가 길어지고 있는 것을
지켜보고 있다

## 있다가 없고 없다가 있고

근린공원 걷는 것이 하루의 시작이다
까마귀는 없었는데 소나무 위에 앉아 있다
오늘도 저기에서 나를 향해 보고 있다
어디서 왔는지 혼자 뭐라고 하는지 알 수 없다
그도 그럴 것이 같은 생각을 하고 있겠지
그 후 얼마 뒤 까마귀는 소나무에 없다
그 다음 날도 다음 날도 없다
다른 곳으로 갔겠지 하던 날
어린 까마귀가 그 자리에 앉아 있다

여동생은 여기에서 저편으로 옮겨 갔다
잃어버린 마음을 치료하지 못했다
있는 것 같은데 어디에도 없다
나는 나를 쥐어짜고 있다
그러던 날 언니의 딸이 결혼을 했다
포도알의 눈망울을 가진 아이가 왔다
여동생과 이목구비가 닮았다
쥐어짜던 나를 나는 놓아주기로 했다

만물은 있다가 없고 없다가 있는 것

## 오월의 장미를 볼 수 없는 이유

장미가 돌아왔다
아파트 철문 휘휘 잡아당겨 쑥쑥 올라왔다
어머니와 나는 그곳에 앉아 있다
떠나가는 것과 돌아오는 것에 대해
어머니는 눈물을 퍼내고 계셨다
아이들은 장미와 얼굴을 마주하고
오월과 달리기를 하고 있는 중이다
장미를 볼 수 없다는 어머니,
가슴 속에 묻은 셋째가 아픈가 보다
핏빛의 장미에게 딸의 이름을 적는다

나는 장미를 보고 있다
겹겹이 싸여 있는 꽃잎은 햇살과 흔들린다
장미를 볼 수 없다는 어머니와 앉아
돌아오는 것과 떠나가는 것에 대해
퍼내고 있는 눈물이 장미라고 말했다
언제인지는 알 수 없을 테지만
오월에 돌아오는 장미를 볼 수 없는 날,

나 혼자 앉아 있겠지
그리고 말하겠지
장미를 볼 수 없는 이유에 대해서

## 모를 일이다

골목길 돌아서 맞닥뜨린 개
원수를 만난 듯 짖어댄다
개에게 무슨 잘못이라도 했단 말인가
한 발짝도 옮겨놓지 못하고 서 있다
물러서지 않고 나를 노려보고 있는 개
모를 일이다, 그냥 길을 가려고 한 것 뿐
헤꼬지 하려 한 것도 아닌데 참, 모를 일이다

"미안합니다, 파마머리한 사람을 싫어해요."
아가씨가 개를 안고 사라지면서 남긴 말
단지 파마머리 그 이유가 전부였을까
안겨 가면서도 끝까지 짖어대던 개
어쩌면 전생에 내가 짖어대던 개였고
자신이 파마머리한 사람은 아니었을까
한동안 전봇대 곁에서 침묵하고 있을 따름이다

### 하수오 덩굴이 감나무를 넘어뜨릴 때

설마 했어요
하수오 몇 포기 감나무 곁에 심었을 때,
덩굴로 목을 조일 것이라는 사실을요
먼저 와도 늦게 떠날 수 있다는 것,
누가 점칠 수나 있었겠어요
감나무가 하수오 덩굴에 말라갈 때,
거름을 주었어요, 다시 잎을 꺼낼까 싶어
물줄기를 꽂아주었어요, 열매를 볼까 해서요
감나무가 흙을 놓아버릴 때,
뿌리는 살리고 가지가 뻗실 못하고,
잎은 피울 수 없었던 시간들
되돌릴 수 없음을, 설마 했어요
앞서 별이 된 사람이 있어요
하수오 덩굴이 감나무를 넘어뜨릴 때,
병마가 그를 넘어뜨리고 있었음을,
누구나 쉽게, 가볍게 떠날 수 있다는 것을,

## 그 자리에 그 사람이,

오늘도 계단을 내려오면 서문약국이 있고,
사이에는 떡장수 바구니가 앉아 있고,
리어카 방에는 뒹굴뒹굴 토마토가 있고,
3대째 호떡을 뒤집는 아들과 엄마가 있고,
요지부동의 자세로 수세미를 짜는 그녀가 있고,
이 골목 어른인 새우등의 할머니가 있다

내일에도 이 골목 새우등의 할머니가 있고,
로봇인 양 수세미를 짜는 그녀가 있고,
아들과 엄마는 호떡을 3대째 팔고 있고,
토마토를 소쿠리로 옮겨놓는 그가 있고,
떡 바구니를 끼고 꾸벅이는 떡장수가 있고,
서문약국을 지나 출근하는 내가 있다

모레, 글피에도 그 자리에 그 사람이
이 골목을 틀고 앉아 지키고 있을까

## 애교 있는 사람

폐암 3기라는데 어머니는 놀라지도 않으신다 팔순에 이르고 보면 죽음이 덤덤하게 다가오는 걸까 아직까지 나로서는 받아들이기에 젊은 나이, 한 달에 한 번 항암치료를 다니셔야 하는데도, "선생님이 보고 싶어 잠도 안 오던데예" 생글생글 웃음을 보내고, 아침저녁 끼니 차려 드리는 것이 때로는 피곤하지만 태어나서 귀저귀 갈아주고 젖 먹이던 것을 생각하자 방안 성모마리아상 앞에서 한참을 앉아 계실 때, "가야 할 날이 얼마남지 않았는데 마리아님께 잘 보여야제" 애교를 건네는 중이란다 남편에게도 자식에게도 성모마리아 님께도 웃어야 한다고 나를 일깨운다 죽음에게도 웃음을 보이라고, 애교 없는 사람은 되지 말라고, 하늘나라에서도 웃은 사람에게 침을 뱉지 않는다고, 하루에도 수십 번을 말한다 정말 어머니의 말씀은 옳은 걸까 지금의 나이에 이르면 자식에게 말해 줄 수 있을까 나는 애교 있는 사람으로 거듭나고 있는 중일까

## 엄마를 지배하는 것은 뭘까

했던 말 또 하고 또 한다
어제의 일을 잊어버리고
날짜는 기억조차 하지 못하고,
밥 먹었는지 아침인지 저녁인지
생각을 놓으시고 계신다
엄마의 정신을 지배하고 있는 건 뭘까
뉴스를 보고 드라마에 의지하고
스물네 시간 달빛, 별빛을 볼 수 없다
지팡이로 땅을 딛고 서서
꽃 피고 나비 날아오는 걸
어린아이가 되어 그림책으로 읽는다
사람의 길이 마지막에는 이런 것일까
저편의 엄마에게 나는 어디쯤 있는 것일까
엄마는 텔레비전과 이야기를 하고,
밥 차려 줄 누군가를 하염없이 기다리고 있다

## 액땜

  부적을 베개 속에 넣어두셔야 합니다 산과 바다 쪽으로는 가지 않는 것이 좋습니다 사람을 멀리 두고, 타인의 말에 귀를 닫아야 하구요, 올 해는 당신이 삼재입니다 몸을 낮추고 아무것도 하지 마십시오 이것을 지키지 않으면 큰 피해를 볼 수 있습니다
  남편의 집안 윗대에 제사밥을 못 얻어먹는 여자 한 분이 있습니다 명절 때, 밥과 국 한 그릇 올려 혼을 달래 주시는 것이 아랫대를 위해 좋겠습니다 남편의 띠도 올해 삼재이니 각별히 다른 곳에 눈을 돌리면 안됩니다
  정월 초하루 찾아갔던 점집, 박수무당의 말을 100% 믿어야 되는 걸까요? 흘려버리기에는 찜찜하고, 그의 말대로 살기에는 바보스러운 것 같기도 합니다 사모님, 복채는 오만원입니다 오만원으로 한 해의 액운을 막을 수 있으면 좋겠습니다 남편은, 자신이 나의 액땜이니 믿지 말라고 하더군요 그 날 손가락을 베어 피를 보았습니다 다가올 일 년을 액땜한 것이라고 믿어도 되겠지요

## 왜 극락조잎처럼 넓은 마음을 가지질 못하는가?

극락조를 바라보다가 알게 되었다
500원을 덜 받은 손님에게 궁시렁 궁시렁,
콩나물비빔밥에 콩나물이 적다고 전화를 걸고,
택배 봉투를 받고 맞게 왔는지 확인을 한다
왜 그렇게 사니?
500원을 덜 받으면 어떻고,
콩나물이 적으면 어떻고,
봉투가 100장이 안 되면 또 어떻니?
고개를 숙이고 넓게 마음을 펼친
극락조를 봐라, 극락조 마음을 보아라
사사건건 따져보는 소갈머리,
왜 극락조잎처럼 넓은 마음을 가지질 못하는가?

## 배롱나무에 꽃은 피고

울지 않겠다고 다짐했지만
떠나가는 눈동자 앞에서는
주저앉아 버리는 게 사람의 일인가
계절은 돌고 돌아서 머리맡에 앉아 있는데
너의 웃음소리, 발걸음 소리 들리지 않는다
개똥밭에 굴러도 이승이 좋다는 말,
머리 위로 붉게 피어 흩날리고
하릴없이 떠가는 구름만 탓하고 있다
배롱나무야, 배롱나무야
저 편에는 무슨 빛깔로 태어나는 것이냐
동생은 무릎을 안고 콧노래라도 부르더냐
저 편의 일을 끝내 알 수 없는 것이냐
별빛을 등에 업고 집으로 가야 하는데
꽃무리로 눈물만 어리어 오는구나

|작품해설|

# 남겨진 시간, 환한 슬픔

신 상 조
(문학평론가)

| 작품해설 |

# 남겨진 시간, 환한 슬픔

### 신 상 조
(문학평론가)

**1.**

백남준의 설치 미술 〈달은 가장 오래된 TV〉는 달을 매개로-정확히는 달과 제목을 매개로-인류의 마음을 담아낸다. 이 작품을 통해 백남준이 전하고자 하는 메시지는 '여기, 태초부터 지금까지 달에 투영된 인류의 마음이 있다'일 것이다. 소망이거나 그리움이거나 다른 무엇으로 불릴 마음은, 우리의 가슴이나 머릿속에 있는 게 아니라 저 먼 천체에 있다고 백남준은 말한다. 이처럼 마음을 표현하는데 우회하는 예술에 비해, 우리는 경험과 직관으로 누군가의 마음을 읽는다.

마음은 만져지거나 보이지 않는다. 세상에는 마음을 찍는 사진기도 그것을 재생하는 영사기도 없다. 구체적 대상인 파이프를 커다랗게 그려놓고 그 아래 '이것은 파이프가 아니다' 란 문장을 불어로 써놓은 마그리트의 그림이 파이프의 재현이 아니라 '~가 아닌' 이미지와 '~가 아니라는' 텍스트의 결합이듯이, 바퀴 기술자 윤편(輪編)이 추상적 기술은 손으로 얻어지고 마음으로 감응할 뿐 입으로 전할 수 없다고 했듯이……. 구상이든 추상이든 대상을 형상화한 문학 작품의 부제는 '사실 이것은 대상이 아니다' 라야 옳다. 하지만 시인은 자서에서 "사랑하는 사람이 곁을 떠나고 내 슬픔의 시간이 늘어나는 동안, 마음 기댈 수 있는 곳이 있어서 다행이다. 먼저 떠난 어머니와 여동생을 여기, 저장해두겠다."라고 쓴다. 그는 부재와 상실로 상처 입은 자기의 마음을 무슨 수로 저장해놓았으며, 우리는 시집 깊숙이 저장된 시인의 마음을 어떻게 읽어야 하는 걸까?

영화 <매드 맥스 : 분노의 도로>는 핵전쟁으로 멸망한 22세기가 배경이다. 얼마 남지 않은 물과 기름을 차지한 독재자 임모탄이 살아남은 인류를 지배하는 세상에서, 그의 폭정에 반발한 사령관 퓨리오사는 인류 생존의 열쇠를 쥔 임모탄의 여인들을 탈취해 녹색의 땅으로 향해 간다. 모두가 잠든 밤, 맥스와 퓨리오사는 대화를 나눈다. 퓨리오사는 임모탄의 여자들이 '희망을 찾아가는 중'이라고 말한다. 그럼 당신은 무엇을 찾아가느냐는 맥스의 질문에 그녀는 "redemption"이라고 짧게 대답한다. 한국에서 '구원'으로 번역된 'redemption'을 놓고 영화평론가 유운성은 다음과 같은 해석을 덧붙인다. 희망이란 한 번도 접하지 못한 것 혹은 잃어버린 것을 찾아가는 이들의 정념과 맞닿아 있는 것이라면, 'redemption'의 추구란 손상된 조각들을 매만지면서 거기 결여된 것을 기억의 강렬함으로 버텨내겠다고 마음먹은 이들의 의지와 맞닿아 있는 것이라고. 그의 말에 기대어 『핥는다는 것』을 시인의 마음이 저장된, 마음 중에서도 'redemption'의 추구가 이루어지는 시집이라 부르고 싶은 근거가 이러하다.

## 2.

손상된 조각들을 매만지면서 현실의 결여된 것을 기억의 강렬함으로 버텨내겠다는 마음은 떠나온 곳으로의 귀환이 필연적이다. 예컨대 "엄마가 없는 오늘, 등 긁어주던 그때가/ 정지화면으로 살아남아 리플레이되"(「엄마는 다만 등을 긁어달라고 말했을 뿐이다」)거나, "겨울을 견디고 온 청보리밭에/ 물살같이 흔들리는 청보리들,"을 "바라보던 너와 나"를 떠올리며 "3년을 울음"(「나의 울음」) 울기, 혹은 다음의 시처럼 현재 자기가 하는 행동을 통해 끝없이 과거로 돌아가는 일이 그러하다.

갈비탕을 먹으러 갔다
갈비에 붙은 고기를 내 그릇으로 담는 엄마,
나는 아들의 그릇으로 다시 옮겨놓는다

고구마를 캐러 갔다
색깔 좋고 굵은 것만 골라 소쿠리에 담아주는 엄마,
나는 삶아서 아들의 간식으로 먹인다

어두운 골목길에 서 있다
안전하게 집으로 돌아오는 걸 확인하던 엄마,
나는 고등학생 아들을 골목길에서 기다린다

감기에 걸려 열이 났다
밤새 머리맡을 떠나지 않던 나의 엄마,
나는 아들의 비염 때문에 약을 달인다

엄마의 엄마에게서 받고
엄마는 나에게 주고
나는 아들에게 전해 주고 있다

―「대물림」 전문

　마음이 심장에 있지 않고 뇌에 있다고 주장하는 뇌과학자들은 뇌가 단백질 덩어리가 아니라 약 860억 개의 뉴런이 태어나서 죽을 때까지 멈추지 않는, 호흡과 같은 내인성(intrinsic) 활동을 유지하고 있다고 주장한다. 뇌는 복잡한 신경 세포 네트워크를 통해 신체 움직임, 감각 인지, 감정, 기억, 생각, 언어, 학습 등 인간의 모든 활동과 생명 유지에 필수적인 역할을 수행하는 통합적인 정보 처리 및 조절 센터다. 따라서 뇌과학자들은 "마음이 우리 내부에 존재하는 무형의 실체가 아니라, 뇌와 몸과 물리적 세계 사이에서 발생하는 어떤 현상"이라고 말한다. 이러한 정보대로라면 자기 몫의 갈비탕에서 갈비를 건져 아들 그릇으로 옮겨놓는 화자의 행동은 새깔 좋고 굵은 감자만 골라 딸의 소쿠리에 담아주던 엄마의 행동을 보고 따라 하는 '학습'이거나 아들의 감정과 행동을 예상하고 조절하는, 미래를 위한 '투자'에 가깝다.
　그러나 정이랑의 시는 엄마의 엄마와 그 엄마의 엄마로부터 시작된 사랑의 기원을 역추적함으로써 인간의 보편 감정을 상정하는 고전적 견해에 긍정을 표한다. 화자는 아들을 향한 '내리사랑'이 대물림된 학습임은 인정하지만, 과거 자기에게 조건 없이 주어졌던 어머니의 사랑을 성숙한 시선으로 헤아리며 그

한없는 사랑을 그리워한다. 현재에서 과거로 자꾸만 회귀하는 이 애틋한 감정은 마음이 단지 뇌에서 발생하는 인지 작용이라거나, 인간의 삶이 물리적 세계에의 대응으로 이루어진 복합 작용에 불과하다는 가설을 일축한다. 그런 시인에게 세상을 떠난 어머니의 유품을 정리하는 일은 "마음 한 곳을 오려내는" 것처럼 아플 수밖에 없다.

무엇인가를 정리해야 한다는 것은
마음 한 곳을 오려내는 일과 같았다

명절연휴를 앞두고
형제들과 엄마의 유품을 들어냈다
옷이며, 그릇이며, 서랍 속에,
〈선생님, 건강하게 학교에 오시면
영자의 마음에도 꽃이 피는군요〉
주간보호센터의 선생님께 쓴 편지까지
구겨버려야 했다
엄마는 마음의 빈자리에
꽃을 피게 하는 방법은,
나보는 너를 생각하라고 적어놓으신 것 같다

대니산에서 내려오고 있는

노을의 그림자를 새겨보면서
비워내야 하는 것과
채워야 하는 것은 무엇인지
나는,
애써 답을 찾고 싶은 것이었다

─「노을의 그림자를 새겨보다」 전문

이 시는 '정리하다', '오려내다', '들어내다', '구겨버리다', '비워내다'란 서술어들이 환기하는 부재와 상실의 정서가 '새기다', '채우다', '적어놓다', '찾다'란 서술어들에 내재된 주체들의 의지적 태도와 대응하며 시상이 전개된다. 시인은 먼저 어머니 생전의 행동과 그 흔적을 더듬으며 당신의 마음과 뜻을 유추하고 기리는 데 집중한다. "주간보호센터의 선생님께 쓴 편지까지/구겨버려야 했다"란 고백은 따스하고 순수했던 어머니의 마음마저 지워야만 하는 삶의 비정함을 드러내지만, 이어지는 확장적 의미는 어머니가 남긴 물리적 "빈자리"를 그의 삶에서 촉발된 공감과 이해의 지평으로 '꽃 피게' 만들려는 노력이다. 다시 말해 "영자의 마음에도 꽃이 피는군요"라는 고인의 편지는 "나보는 너를 생각하라고 적어놓으신 것 같다"라는 화자의 깨달음을 얻는 소재로 연결된다. 여기서 '영자'는 어머니의 이름이겠으나, '나'와 '너'가 누구인지는 명확하지 않다. 시인은 이 부분을 중의성으로 남겨두는데, 이는 화자 개인의 서사를 '나'와 '너'에 해당하는 인간 일반에 상호 대응하는 보편 타당한 마음의 지평으로 확장하려는 의도로 여겨진다.

"대니산에서 내려오고 있는/노을의 그림자"를 "새겨보"는 일이란 인간의 근원적 한계에 대한 성찰을 가리킨다. 어머니의 유품을 정리하며 느끼는 상실감과 함께, 삶에서 무엇을 비우고 무엇을 채워야 할지에 대한 깊은 상념을 담고 있는 이 시는, 삶의 공허함을 극복하는 방법이 결국 타인과의 관계에 있다는 "답"을 더듬어 찾게 만든다. 한 존재의 '빈자리'는 그의 삶의 방식을 살아 있는 자들에게 가르치는 'redemption', 즉 구원의 '자리' 이기도 한 것이다.

## 3.

문학은 제 바깥에 있는 자연 사물 등에 마음을 의탁, 확장하여 더 멀리, 더 복잡하게 나아가기를 즐긴다. 반면, 정이랑의 시에서 대다수 자연 사물들은 부재와 상실을 경험한 화자의 내면적 투사와는 거리가 멀다. 자연은 화자 내면의 고뇌나 비애를 반영하는 법 없이 그 자체로 존재한다.

아버지와 밭둑에 잠시 앉아
소쩍새 울음을 듣는 한낮
잘 들어봐, 소쩍쿵 하고 운다
아니다, 서어쩍 서어쩍 하고 운다
누구 말이 맞는지는 모른다
제비꽃이 피고
쑥이 돋아나는,
밭둑까지 와서 울어라

―「봄이면」 전문

    소쩍새와 제비꽃과 쑥이 전부인 풍경 속에 아버지와 딸이 밭둑에 앉아 있다. 「봄이면」이 그려내는 풍경에는 세련된 언어 구사와 편재된 비유가 없다. 단조로운 풍경은 낱낱의 시어늘을 엮는 시의 장치들을 최소한으로 줄이면서 명확하게 감지할 수 없는 정서적 파문을 최대화한다. 행간 속의 여백이 가지는 힘이다. "소쩍쿵"과 "서어쩍 서어쩍" 중 "누구 말이 맞는지는 모른다"는 말에서 어차피 마음대로 흘러가지 않는 삶이라는 페이소스가 느껴진다. 한편으로는 이것과 저것의 구분이 무의미하다는 불이(不二)의 사상 또한 읽히는 구절이다. 이는 "아버지와 밭둑에 잠시 앉아" 있는 일상의 평범함을 관통하는, 인간 조건을 초월한 보다 근원적인 것에 대한 화자의 인식에서 비롯

한다. 이러한 설명이 정이랑 시에서의 자연이 자족적이고 충만하다는 뜻은 아니다. 시인이 주목하는 자연 사물들은 사실성이 휘발된 미학적 대상이라기에는 오히려 현실의 결핍과 괴리감을 간직한 존재들에 가깝다.

공원의 계단에서 마주쳤다
이 도시에서 어떻게 살아남아
떡하니 대가릴 쳐들고 있는지
동네아이들에게 돌팔매질당하지 않고
땅바닥을 밀고 밀면서 왔을 길,
먼저 떠나가길 기다렸으나
얼어붙은 나처럼 움직이지 않는다
뱀아, 뱀아, 뱀아
사람들에게 들키지 말고 가거라
어느 혼령을 실어 이승에 온 것인지
어찌 알 수 있겠느냐만
나를 보는 너는 필시
알고 있다는 눈빛이다
가거라, 어서 가거라
너는 너의 길을 가고
나는 나의 길을 가자

뱀아, 뱀아, 뱀아

— 「뱀아」 전문

　근원적 실재에 대한 인식은 도심의 공원에 출현한 뱀을 보고 "너는 너의 길을 가고/ 나는 나의 길을 가자"라는 무심과 배려가 반반인 태도에서도 드러난다. 이질적 존재의 출현 앞에서 몸이 "얼어붙"는 본능적 반응과 "사람들에게 들키지 말고 가"라는 기원의 이중성은 나와 다른 타자를 배척하거나 부정하지 않으려는 의지로 수렴된다. 이러한 양가성에는 단순한 연민을 넘어서는, 대상에 대한 이타성이 잠복해 있다. 화자는 "땅바닥을 밀고 밀면서 왔을" 뱀의 "길"을 헤아리며 "뱀아, 뱀아, 뱀아"라고 안타깝게 부른다. 너의 길을 가라면서도 반복해서 부르는 역설은 인간 중심의 도시 문명 속에서 이질적이고 혐오스러운 존재로 살아갈 대상을 동정하는 탄식이다.
　대상과 현실에 대한 연민의 시선은 자칫 수동적 관조의 성격으로 인해 시적 자아를 우울한 정서 속에 함몰시켜버릴 위험이 있다. 하지만 시인은 사랑하는 이들을 상실한 내면의 고통과 슬픔을 안으로 감싸 안으면서 동시에 그 정서적 우울을 뚫고 나아가려는 의지를 명료하게 드러낸다. 그의 시는 '둥긂'으로 표상되는 조화롭고 평화로운 삶을 추구함으로써 독자의 공감을 얻는 데 성공하고 있다. "산은 산새를 품고 들판은 산을 이고," 가듯 "나는 풀잎처럼 낮은 마음으로/ 저들과 이웃해서 살아가"는 게 "남은 숙제"(「남은 숙제」)라거나, "곁에 있는 사람에게도/ 낯선 그 누군가에게도/ 모나지 않게 살아가자"(「밭둑의 호박같이」)라고 시인은 다짐한다. "하늘 한 번 올려다보기 힘든" 우리의 하루에, "떠밀려 살아가는" 우리의 시간에 "둥글게 자란 모과향" 진한 시를 "보내드리겠다"(「모과향을 보내드립니다」) 약속하는 것이다.

**4.**

『핥는다는 것』에는 죽음 앞에서 애처로워지는 "사람의 마음"(「발톱을 뽑고 나서」)이 넘쳐난다. 죽음을 앞둔 이가 "옮겨 가야 하는 곳이 무섭지는 않을까"(「엄마는 내게 다만 등을 긁어달라고 말했을 뿐이다」)를 조바심하고, "마지막을 정리하"는 은행나무의 "안간힘"(「안간힘」)을 측은해한다. "스텐 그릇에 도시락을 싸와 상가 모퉁이에서 숫돌로 가위를 갈아주던 할아버지"가 한동안 보이지 않는다. 사람들은 "북망산 갈 나이는 족히 넘었"던 노인이 "누구나 가야 하는 곳"에 갔을 뿐이라 "입을 모으"(「가위를 갈던 할아버지의 행방이 묘연하다」)지만, 모든 죽어가는 자들을 향한 슬픔은 시인의 삶과 끈끈하게 결합한다.

"부엉이 울음, 뻐꾸기 울음도" 언젠가는 "흙 속에 섞여 누워 잠들 때"(「먼 산이 되어」)가 있음을 아는 이가 바라보는 풍경은 죽음이라는 영원에 둘러싸여 있다. 죽음의 대상들을 사유하는 시인의 곡진한 진정성은 의심할 여지가 없지만, 개중에서도 혈육의 죽음은 더욱 사무친다. '자식들이 사준 새 옷'을 입고 노인학교에 가기 위해 "노란 버스"를 기다리는 엄마. 엄마가 다시 아이로 돌아간 듯싶은 시인은 이제 자신이 부모의 울타리가 되어야겠다는 만큼이나 서럽다. 삶은 결코 붙잡을 수 없고, 과거로부터 멀어진 시간이 아득한 그리움을 불러일으키기 때문이다. 엄마를 노란 버스에 태워 보낸 시인은 언젠가 엄마와의 긴 이별이 시작될 "그날에도 슬프지 않"(「노치원에 가는 엄마」)기를 기도한다. 이는 노년의 생에 드리워진 죽음을 예감하는 애잔한 마음이다. 슬픈 예감은 틀리는 법이 없어서 "산소호흡기로/ 연명하고 있는" 중환자실의 환자들 곁에서 "엄마, 무엇이든 해드리고 싶어요/ 여기에서 나가요, 어디든 걸어서 가요"(「엄마는 내게 다만 등을 긁어달라고 말했을 뿐이다」)라며 울부짖는 순간은 기어이 오고야 만다. 이 덧없는 불가역성의 경험은 삶의 한복판에서 맞부딪친 비극적 인간 조건을 여실히 보여준다.

기일이다, 양살구를 한 봉지 샀다 새콤달콤한 맛이 좋았을까 속살의 빛깔이 고와서였을까 맛나게 먹던 그녀의 기일이다, 수성구 상동 연탄불로 밥 지어 먹으면서도 우리에게는 걱정이 없었다 월급 타서 원피스를 사고 구두를 같이 신기도 했었던 그녀의 기일이다, 2001년, 같은 해에 결혼하고 같은 해에 아들도 낳았었던 여동생의 기일이다, "언니야, 울지마" 모르핀에 정신을 잃어가면서도 위로해 주던 친구 같은 그녀, 1971년 음력 11월 1일 여기에 와서, 2021년 음력 6월 27일 암에 못 이겨 저기로 떠나간 그녀, 양살구를 한 봉지 나눠 먹고 싶어도 그저 기억 속에서 가능한 그녀, 보고 싶다는 말을 해도 듣지 못하는 그녀, 양살구 한 봉지를 들고 걸어가야 하는 오늘, 그녀의 기일이다

—「그녀,」 전문


칠월로 접어들면서 비가 자주 왔다

텃밭으로 나가 물 주던 주말의 즐거움은 사라졌고,
고춧대가 넘어지지나 않았을까
호박덩이 두어 개 물에 잠겨버리지 않았을까 걱정이다

어둠이 깊어지면 개구리는 떠내려갈까 봐 울고 있는데,
베란다에서 빨래를 털어 널고 칠월 속에 서 있기로 한다

장미꽃잎이 떨어진 아파트 울타리에서
앞다투어 개들이 뛰어놀고 있기도 하고,
슈퍼마켓에서 야쿠르트와 바나나를 사서 오는 엄마
순간, 울컥하는 대낮이다

마늘을 캐고 난 밭에는 벼가 푸릇푸릇,
경운기 소리는 이제 아침 새소리와 같아서
귀가 장단을 맞추어 듣는다

비가 자주 오는 칠월의 여름,
혼자 있어도 혼자가 아닌 계절

―「여름에 쓰는 편지」 전문

「그녀,」는 여동생의 기일에 쓴 시다. '양살구'는 추억을 상징하는 매개체이면서 동생이 떠난 현실을 더욱 생생하게 체감하게 하는 사물이다. "2001년, 같은 해에 결혼하고 같은 해에 아들도 낳았었던 여동생"은 시인에게 가족이자 친구였다. 그런 동생을 잃은 상실감이 시인의 눈시울을 붉게 만든다. 「여름에 쓰는 편지」는 "슈퍼마켓에서 야쿠르트와 바나나를 사서 오는 엄마"가, 정확히는 생전에 슈퍼를 다녀오던 엄마가 눈에 선해 울컥, 눈물 나는 시지만, "혼자 있어도 혼자가 아"닐 수 있음은 시인의 기억 속에 엄마나 여동생이 여전히 머물고 있어서다. 아마도 시인에게 시가 오는 '순간'은 엄마와 동생이 기억나는 '순간'과 다르지 않으리라.

시인은 『떡갈나무 잎들이 길을 흔들고』(2005)에 붙인 산문에서 "도시에는 내가 가진 기억들을 부려둘 만한 공터가 어디에도 없었습니다. 도시에 살기 시작하면서 나는 내 안에다 창고 하나를 지었습니다."라고 쓴 적이 있다. "무허가 건축물인" 그 창고에 차곡차곡 부려진 기억들. "기억은 온통 서정들로 채워져 있는데, 세상은 서정이 아닌 서정적인 것들로 북적거리더군요. 삶이 서정적이어야지요. 서정적인 것들 아니, 서정적이고자 하는 것들에 둘러싸여 살아가는 삶은 내가 원하는 삶이 아닙니다. 원하지 않아도 어쩔 수 없이 사는 것, 그것 때문에 시를 쓰게 된 것인지도 모르겠습니다."라는 시인의 고백을 읽노라면 꿈과 현실의 괴리에서 비롯한 그의 시가 보이고, 프랑스의 시인이자 에세이스트인 크리스티앙 보뱅의 글이 겹쳐 읽힌다. 보뱅은 『환희의 인간』 서문에서 이렇게 말한다. "비로소 당신에게 말하려 했던 것에 가까이 다가섰네요. 오늘 본 사소한 것, 죽음의 문을 여는 것, 바로 멈추지 않는 삶 말입니다. 삶은 결코 멈추지 않습니다." 죽음의 문을 여는 것이 곧 멈추지 않는 삶을 연다는 역설은 정이랑의 시를 나타내는 일이다.

정구지를 심어놓고 물을 준다
감나무 발목까지 쑥쑥 올라오너라
부엉이 울음, 뻐꾸기 울음도
흙 속에 섞여 누워 잠들 때,
아무것도 생각하지 않을 게다
먼저 간 동생의 안부마저
돌멩이로 눌러 죽이고 앉아,
대니산에 올라간 낮달만 바라볼 게다
아침이 오고, 저녁이 오면
정구지 초록잎에 이슬로 맺혀
무거워진 마음밭에 햇볕을 주워 담을란다
대니산이 구름을 낳고,
안개를 낳고,
대니산이 빗방울을 낳는 동안
정구지꽃 속으로 들어가
그저 먼 산이 되어 서 있으련다

—「먼 산이 되어」 전문


「여름에 쓰는 편지」에서 "칠월 속에 서 있기로 한다"던 다짐이 이 시에서 "먼 산이 되어 서 있으련다"로 반복, 변주된다. '서다'가 견디고 일어서려는 의지에 가깝다면 '있다'는 있는 그대로를 수용하려는 자세에 기운다. 멈추지 않는 삶 가운데, 가까운 이들의 죽음은 누구라도 겪고 싶지 않은 고통이다. 시인은 그 고통의 과정을 통과한 후 "정구지꽃 속으로 들어가/ 그저 먼 산이 되어" 서 있거나, 더 깊고 맑아진 영혼으로 노래 부른다. "분명 얼룩이었던 기억이 어느 날 문득 돌아보니 무늬가 되어 있었"(「기억의 방식」)다던 저 산문에서의 고백처럼, 그는 부재와 상실로 손상된 삶의 조각들을 매만지면서 거기 결여된 충만을 기억의 강렬함으로 환하게 버텨낸다. 타인의 완성된 죽음은 죽음을 가진 미완성의 죽음들이 겸허히 자기 삶을 돌아보게 만든다. 그런즉 사랑하는 이들을 떠나보낸 '빈자리'는 그들 삶의 방식을 살아 있는 자들에게 가르치는 성찰의 자리이기도 해서, 삶의 공허함을 극복하는 방법이 사람과 사람 사이의 관계에 있다는 답을 더듬어 찾게 만든다.

『핥는다는 것』은 기억이 애도의 곡진한 방식임을 알게 한다. 시인은 죽음이 편재한 부정적 현실로부터 추인된 위로의 언어를 통해 끝끝내 삶을 긍정한다. 정이랑의 시는 죽음의 나라를 건너 삶의 등불을 켜주려 이곳에 당도한 이들의 "순한 살결"을 "살아 숨 쉬는"(「핥는다는 것」) 혀로 핥아주는 사랑이다. 살아 외롭고 슬픈 자들에게 주어진 'redemption'이다.